Eros und Gewalt in *Dantons Tod*

Von Christian Milz (Frankfurt a. M.)

In einem schmalen Œuvre von drei Dramen und einer Erzählung finden sich in Verbindung mit der Liebe: drei Selbstmorde, zwei Selbstmordversuche, ein potentieller Selbstmord, ein Mord sowie drei Wahnsinnige. Diese Bilanz stammt von Reinhold Grimm, der 1979 in seinem Aufsatz *Cœur und Carreau*[1] mit Bezug auf *Dantons Tod* weiter feststellt, »daß die Thematik der Liebe hier nicht minder beherrschend und wichtig ist als diejenige der Revolution«.[2] Grimm nennt im gleichen Atemzug die von ihm behauptete Gleichrangigkeit von Eros und politischem Diskurs »Ketzerei«, womit er sowohl auf die gelegentliche Überakzentuierung des Politisch-Sozialen in den Deutungen des Werks anspielt als auch auf das Sakrileg, diesen

---

[1] Reinhold Grimm: *Cœur und Carreau. Über die Liebe bei Georg Büchner.* In: *GB I/II*, S. 299–326. Grimms Zusammenstellung wurde um den potentiellen Selbstmord von Danton »ich liebe dich wie das Grab« (I,1), »Ich kokettire mit dem Tod« (II,4) usw. und Lenz' Selbstmordversuch ergänzt.

[2] Ebd., S. 304.

Diskurs nunmehr mit dem Erotischen zu vereinen. »Büchner war Erotiker u n d Revolutionär, war erotischer Revolutionär und revolutionärer Erotiker«[3] lautet das Fazit im Zeitgeist der 68er – an das diese Untersuchung anknüpft, allerdings aus der Distanz der Jahrzehnte mit einem etwas nüchterneren Blick auf den Diskurs von Eros und Gewalt.

Denn die Eingangsbilanz von *Cœur und Carreau* spricht wohl kaum für »die leibhafte Utopie, die konkrete Praxis erotischer Befreiung«[4] und die »soziale und sexuelle Umwälzung«,[5] sondern im Gegenteil für ein eher tragisches Verhältnis von Eros und Gewalt. Auch das sieht Reinhold Grimm durchaus, denn er konstatiert zutreffend die durch Büchner »bewußt und mit Absicht« hergestellte Einheit von »Wiege, Schoß und Grab«.[6] Allerdings steht dahinter weniger das Konzept einer »maßlosen Verherrlichung der Liebe«,[7] sondern vielmehr das eines Kreislaufs von Geburt und Tod. Prototypisch für die Fehlinterpretation Reinhold Grimms ist die lakonische Kategorisierung des ersten Selbstmordes in *Dantons Tod* als

---

[3]   Ebd., S. 318.
[4]   Ebd., S. 312.
[5]   Ebd., S. 313.
[6]   Ebd., S. 304.
[7]   Ebd., S. 306.

»Dummejungenstreich«.[8] In einem ähnlich oberflächlichen Tenor handelt Inge Rippmann den Suizid des enttäuschten Liebhabers in ihrem Artikel in dem Band *Erotik und Sexualität im Vormärz*[9] entgegen dem Titel *Die ersäuften Liebhaber* in einer Fußnote als »Kurzschlußreaktion«[10] ab. Eine adäquate Beachtung der Aussage des jungen Menschen

> »er hätte fast einen dummen Streich gemacht, ich solle mein Kleid nur behalten und es brauchen, es würde sich schon von selbst abtragen, er wolle mir den Spaß nicht vor der Zeit verderben, es wär doch das Einzige, was ich hätte.« (I,5)[11]

kurz nach dem gerade noch unterdrückten Tötungsimpuls gegen die untreue Geliebte kommt dagegen nicht an der Feststellung vorbei, dass der sich anschließende Selbstmord auf der kalkulierten Umkehrung der Sequenz von Zeugung, Geburt und Tod beruht.

---

8 Ebd., S. 311.
9 Inge Rippmann: *Die ersäuften Liebhaber. Zu einem Motiv zweier Werke aus dem Jahre 1835*. In: *Forum Vormärz Forschung. Jahrbuch 1999. »Emanzipation des Fleisches«. Erotik und Sexualität im Vormärz*. Bielefeld 1999, S. 37–65.
10 Ebd., S. 57, Anm. 46.
11 Georg Büchner: *Danton's Tod. MBA* 3.2. Darmstadt 2000, S. 19.

Dem zugrunde liegenden Algorithmus gebührt einige Aufmerksamkeit, denn in ihm verbirgt sich der Quellcode des dramatischen Ablaufs in *Dantons Tod*. Der Tod des jungen Menschen, der, wie Grimm anführt, »lediglich mittelbar und zudem ausgesprochen stimmungshaft geschildert wird«,[12] manifestiert musterhaft die Dantonsche Programmatik der Identität von Schoß und Grab. Die feuchten Locken und die bleiche, mondbeschienene Stirn, die vorauslaufenden Kinder, der Korb, der unter dem Fenster vorbeigetragen wird, symbolisieren neugeborenes Leben. Danach erst folgt das: »er hatte sich ersäuft«, was bei einer Geliebten, die sich mit einem verschlingenden Meer vergleicht, unterschwellig transzendente Erfüllung suggeriert. Entsprechend der Gleichung Schoß = Grab bzw. deren Umkehrung Grab = Schoß symbolisiert das Ersäufen letztendlich die zeitenthobene Vereinigung des Liebhabers mit seiner Melusine in einer umfassenderen Dimension des Feuchten. Die Metaphorisierung von Julies Selbstmord gehorcht dem gleichen, hier noch deutlicher in Erscheinung tretenden Konzept. Der Tod wird mit dem kosmischen Bild des Laufs der Erde um die Sonne verglichen, und auch das Meersymbol begegnet dem Publikum in der

---

[12] Grimm (s. Anm. 1), S. 308.

4

»Fluth des Aethers« wieder. Die Analogie von Tod, Sonnenuntergang, Abend sowie Schlaf impliziert die von Wiedergeburt, Sonnenaufgang, Morgen und Erwachen:

> »Die Sonne ist hinunter. Der Erde Züge waren so scharf in ihrem Licht, doch jezt ist ihr Gesicht so still und ernst wie einer Sterbenden. Wie schön das Abendlicht ihr um Stirn und Wangen spielt. Stets bleicher und bleicher wird sie, wie eine Leiche treibt sie abwärts in der Fluth des Aethers; will denn kein Arm sie bey den goldnen Locken fassen und aus dem Strom sie ziehen und sie begraben? Ich gehe leise. Ich küsse sie nicht, daß kein Hauch, kein Seufzer sie aus dem Schlummer wecke. Schlafe, schlafe.« (IV,6)

Der Algorithmus der exemplarischen Selbstvernichtung in der Marionszene stellt sich folgendermaßen dar: Marions Liebhaber steuert die Richtung seines Affekts, indem er dessen ursprüngliches Ziel, die physische Schädigung des Lustobjektes, einer allgemeineren Instanz, der Vergänglichkeit, also der Zeit anheimstellt. Das Umsteuern auf dem Höhepunkt des Affektes kommt einer momentanen Außerkraftsetzung von naturgesetzlichen Abläufen gleich,[13] des Weiteren

---

13 Der Selbstmord an sich ist selbstverständlich eine natürlich und kulturell vorgeprägte, in bestimmten Krisensituationen durchaus übliche Verhaltensmöglichkeit. Nicht aber der Verzicht auf den aggressiven Impuls zugunsten einer rationalen, höchst komplexen Überlegung; ein bei Büchner

aber wird die emotionale Qualität der Beziehung des jungen Menschen zu seiner Geliebten durch die Selbstvernichtung – im Gegensatz zu dem am Liebesobjekt ausagierten Tötungsaffekt – bewahrt bzw. intensiviert und veredelt. Das unbefriedigte Begehren sucht sich eine sublime Kompensation, so wie ein Werther seine unerreichbare Lotte durch die suizidale Vereinigung mit dem jenseitigen mütterlichen Urbild der Geliebten ersetzt.[14] Der Mechanismus von Sterben und Geburt bzw. Wiedergeburt, auf den nicht nur wiederholt in den sprachlichen Bildern des Revolutionsdramas,[15] sondern

---

umso bedeutenderer Vorgang, als der Dichter in allen seinen Werken eben der affektiven Seite des Menschen, paradigmatisch »den Leibern« in Marions Erzählung, das gebührende Gewicht zukommen lässt.

[14] Wörtlich: »Ich träume nicht, ich wähne nicht! Nahe am Grabe wird es mir heller. Wir werden sein! Wir werden uns wieder sehen! Deine Mutter sehen! Ich werde sie sehen, werde sie finden, ach, und vor ihr mein ganzes Herz ausschütten!« J. W. Goethe: *Die Leiden des jungen Werther*. Hamburger Ausgabe. Bd. 6. München 1989, S. 117. Bereits Lotte selbst trägt durch die Kinderschar starke mütterliche Züge: »[...] fand mich auf der Erde unter Lottens Kindern [...]« (ebd., S. 30); »[...] wie sie [...] eine wahre Mutter geworden [...]« (ebd., S. 44).

[15] I,1: »DANTON. Wenn das ist, lieg' ich in deinem Schooß schon unter der Erde«; ebd.: »PHILIPPEAU. Wie lange sollen wir noch schmutzig und blutig seyn wie neugeborne Kinder, Särge zur Wiege ha-

auch in Lenas »Auf dem Kirchhof will ich liegen wie ein Kindlein in der Wiegen« (I,4)[16] angespielt wird, erschöpft sich indes nicht im wirkungsvollen poetischen Bild, sondern, das ist das Erstaunliche, schwingt zurück auf die Auslöserin. Ihr Wesen erfährt einen Bruch – mit einer bedeutsamen Konsequenz. Marion, die zwischen zwei Bettüchern mehr Vergnügen findet als bei einer Unterhaltung, erzählt. Der Autor weist ausdrücklich auf die Tatsache hin, dass dieses Erzählen in Opposition zu Marions sonstigem Verhalten, also zur physischen Erotik, zu verstehen ist, denn zweimal widersetzt sie sich mit ihrem »Nein, laß mich!« Dantons handfesteren Wünschen. Seine Bemerkung: »Du könntest deine Lippen besser gebrauchen«, geht ins Leere, und Inge Rippmann ist zuzustimmen, wenn sie den »hohen Reflexionsgrad« von Marions Introspektion registriert.[17] Die Venus mit dem schönen Hintern inkarniert sich als platonische Diotima; sie praktiziert als Dozentin der Liebe

---

ben [...]«; II,1 »DANTON. Sterbende werden oft kindisch.« IV,3: »DANTON. Der Tod äfft die Geburt, beym Sterben sind wir so hülflos und nackt, wie neugeborne Kinder. Freilich, wir bekommen das Leichentuch zur Windel.« IV,9: »LUCILE. [...] Du liebe Wiege, die du meinen Camill in Schlaf gelullt, ihn unter deinen Rosen erstickt hast.«

16 Georg Büchner: *Leonce und Lena. MBA* 6. Darmstadt 2003.
17 Rippmann (s. Anm. 9), S. 59.

für einen Moment tatsächlich die von Reinhold Grimm beschworene Einheit des Eros in der Zusammengehörigkeit von Sensualismus und Spiritualismus.[18] Das ursprüngliche Anliegen dieses seit alters bekannten ambivalenten Diskurses, der für Büchner als bekannt vorausgesetzt werden darf, ist indes nicht die »konkrete Praxis erotischer Befreiung«,[19] was auch immer das sei, sondern ein metaphysisches. »Die Geschichte des Nachlebens der platonischen Theorie des Eros reicht von Platons eigener Zeit bis in die unsrige hinein und erstreckt sich zum Guten und zum Schlechten über alle Bereiche der abendländischen Kultur«,[20] konstatiert Glenn W. Most, und Jürgen Schwann bekräftigt die Gültigkeit dieser Feststellung in Bezug auf Georg Büchner:

> »Es ist Platon, der im *Symposion* dem Begriff des Eros Kontur und Präzision gegeben, ihn für die Ästhetik erschlossen und disponibel gemacht hat, indem er die Dimensionen des Sinnlichen und Geistigen in eine fortdauernde Vergleichsbeziehung gebracht und deren Begriffe korreliert hat. Büchner ist diese philosophische Ästhetik-Tradition geläufig ge-

---

[18] Grimm (s. Anm. 1), S. 315.

[19] Ebd., S. 312.

[20] Glenn W. Most: *Sechs Bemerkungen zum platonischen Eros.* In: Christian Begemann / David E. Wellbery: *Kunst, Zeugung, Geburt. Theorien und Metaphern ästhetischer Produktion in der Neuzeit.* Freiburg im Breisgau 2002, S. 37–49, hier S. 49.

8

wesen. Seine Kenntnis der Platonischen Philosophie und der einschlägigen Quellenbestände kann als gesichert gelten.«[21]

Vom Standpunkt rationaler Argumentation aus hat die berühmte Stufentheorie des Erotischen allerdings einen Schwachpunkt, der Most nicht entgeht:

»Die scheinbar unaufhaltsam hinaufstrebende Aufwärtsbewegung ist dazu geeignet, eine Kontinuität in den Übergängen von der einen Stufe zu der nächsten zu suggerieren und dadurch von der tatsächlichen logischen Andersartigkeit dieser Schritte abzulenken: Von der ersten Stufe (einem schönen Körper) zu der nächsten (vielen schönen Körpern) führt eine einfache Pluralisierung, zu der nächsten (allen schönen Körpern) eine Verallgemeinerung innerhalb einer bestimmten Kategorie, zu der nächsten (Bestrebungen) eine Abstraktion samt Kategorienwechsel, zu der nächsten (Wissenschaften) ein Verwandtschaftsverhältnis mit zunehmender Strenge, zu der letzten (dem Schönen schlechthin) ein Wechsel zur Grundprämisse oder dem Grundgegenstand. Auf ähnliche Weise suggeriert die Plastizität und Allbekanntheit der ersten Stufe eine sonst kaum zu begründende Anschaulichkeit und Begreifbarkeit der letzten«.[22]

---

21 Jürgen Schwann: *Georg Büchners implizite Ästhetik. Rekonstruktion und Situierung im ästhetischen Diskurs.* Tübingen 1997, S. 63 f.
22 Most (s. Anm. 20), S. 43.

Mosts kritischer Einwurf verfehlt allerdings danach zu fragen, wie sich die vermeintliche Kontinuität der Übergänge tatsächlich darstellt. Platons Sokrates trinkt – wie in *Dantons Tod* vermerkt (I,3) – den Giftbecher, Büchners epikuräischer Christus hängt am Kreuz, und Schillers ästhetische Erziehung – auch sie fußt auf der Harmonisierung von Sinnlichkeit und Vernunft – interpoliert am Ende des zehnten Briefes die erhabene Selbstwiderlegung einer ästhetischen Programmatik politisch-sozialer Emanzipation, um in einem metaphysikfundierten Neuansatz ab Brief elf dem vom Empirischen aus betrachtet jederzeit ad absurdum zu führenden Postulat eines kausalen Zusammenhangs von ästhetischer Praxis und politischer Befreiung zu entkommen.[23]

Die Platonsche Bestimmung des Eros als das »Zeugen im Schönen, sowohl nach dem

---

[23] Wörtlich: »In der Tat muß es Nachdenken erregen, daß man beinahe in jeder Epoche der Geschichte, wo die Künste blühen und der Geschmack regiert, die Menschheit gesunken findet, und auch nicht ein einziges Beispiel aufweisen kann, daß ein hoher Grad und eine große Allgemeinheit ästhetischer Kultur bei einem Volke mit politischer Freiheit, und bürgerlicher Tugend, daß schöne Sitten mit guten Sitten, und Politur des Betragens mit Wahrheit desselben Hand in Hand gegangen wäre.« (Friedrich Schiller: *Über die ästhetische Erziehung des Menschen in einer Reihe von Briefen.* In: *Sämtliche Werke.* Bd. V. München 1968, S. 339.)

Leibe als nach der Seele«,[24] reproduziert, wie auch Dantons Übergang vom »Groben« zum »Feinen«, den mit den Mitteln der Logik nicht zu heilenden Dualismus von Körper und Geist, Kausalem und Normativem, Sein und Sollen, oder wie immer die Philosophie die Dichotomie fasst.[25] Die Gesetze und Grenzen philosophischer Argumentation sind indes nicht die der Kunst. Letztere vermag die materielle Basis der Erostheorie, das empirisch gegebene Prinzip der biologischen Selbstreproduktion, mit Platons mystischem Fokus, dem individuellen seelisch-

---

[24] Platon: *Symposion. Die großen Dialoge.* München u. Zürich 1991, S. 489.

[25] Vgl. Panajotis Kondylis: *Die Aufklärung im Rahmen des neuzeitlichen Rationalismus.* Hamburg 2002. Kondylis revidiert mit seiner These der »Rehabilitierung der Sinnlichkeit« als gemeinsamem Bezugspunkt heterogener Strömungen in der Aufklärung wie auch ihrer Gegenkräfte grundlegend die deutsche Aufklärungsforschung, die »im übermächtigen Schatten des Idealismus, der Klassik, des Neuhumanismus und der Romantik« gestanden habe (Jörn Garber, Ulrich Kronauer in der *Vorbemerkung,* S. 3). Dieser Ansatz ist für das Verständnis Georg Büchners ungemein fruchtbar. Die Pole »Rehabilitierung der Sinnlichkeit« und ›Kompromittierung der Sinnlichkeit‹ sind in allen Werken Büchners als entscheidende Induktoren dramatischer Spannung aufzufinden. – Auch Gustav Frank verweist, wenn auch sehr knapp, auf diesen »denkgeschichtlichen Kontext« in: *crime and sex. Zur Vor- und Frühgeschichte der ›Sexualität‹.* In: *Forum Vormärz Forschung* (s. Anm. 9), S. 16 (Fußnote 13).

geistigen Aufstieg zur Gottheit bzw. zur Unsterblichkeit, ästhetisch in Einklang zu bringen. So wie das Licht dem Experiment eine paradoxe doppelte Natur als Teilchen und Welle darbietet, enthält die Erostheorie die gegensätzlichen Aspekte der Kontinuität von Übergängen (Stichworte Kunst und Spiel) wie auch diskontinuierliche Brüche (Opfer, Erhabenes). Die Metaphysik der Sexualität beruht nicht zuletzt auf der Dialektik von Tod und Geburt, von Blutopfer und Zeugung, einer auch in der Umkehrung – nicht zuletzt aus Büchners Revolutionsdrama – bekannten und zutiefst irrationalen Dimension.[26] »Die Beschreibung oder Darstellung erotischer Erfahrung als Todeserfahrung ist uns allen aus bildender Kunst, Literatur und Film geläufig«, führt die Theologin Theresia Heimerl aus und fährt fort: »Die Bezeichnung des Orgasmus als ›klei-

---

[26] Vgl. David E. Wellbery: *Kunst – Zeugung – Geburt. Überlegungen zu einer anthropologischen Grundfigur.* In: Begemann/Wellbery (s. Anm. 20), S. 9–36. Mit Bezug auf Nietzsche schreibt Wellbery (ebd., S. 31): »Die Schlange, die sich in den Schwanz beißt – ouroboros. Ungeheuer, das sich dadurch ernährt, daß es sich selbst verschlingt, lebender Widerspruch, das Leben als Widerspruch –: Diese Schlange ist auch eine Figur der Geburt.« Zu dem Zusammenhang von Eros und Gewalt in Mythos, Psyche und Bewusstseinsentwicklung. Vgl. Erich Neumann: *Ursprungsgeschichte des Bewusstseins.* Frankfurt a. M. 1984.

nem Tod‹ bringt diese Nähe wohl auf jenen Punkt, den Georges Bataille in seinem ›Heiligen Eros‹ über viele Seiten hinweg ausführt«.[27] Der Dramatiker Peter Hacks erklärt in dem Kommentar zu seinem Monodrama *Ein Gespräch im Hause Stein über den abwesenden Herrn von Goethe* den Zusammenhang von Eros und Gewalt zum universellen Grund des Tragischen:

> »Götter […] führen ein Leben, das auf Zusammenbrüche hinausläuft. Das, für das sie ja stehen – Jahreszeiten, Gestirne, Ackerfrüchte oder die Könige im Matriarchat – ist zum Untergang bestimmt. Freilich auch zum Wiedergeborenwerden. Tod, so lehren die Geschichten der heiligen Könige, schlägt um in Leben. […] Diese Götterkatastrophen sind der Ursprung der kathartischen Wirkung und der Gattung Drama.«[28]

Um noch einmal auf Glenn W. Most zurückzukommen: Seine zusammenfassende Feststellung eines der Hauptmerkmale der platonischen Theorie des Eros trifft exakt auf *Dantons Tod* zu: »Die Sexualität […] wird angestachelt und erhöht, um psychische

---

27   Theresia Heimerl: *»Des Todes Entzücken«. Überlegungen zum Verhältnis von Eros und Tod.* In: Internet Ressource: www.querelles-net.de/forum19/, S. 3.
28   Peter Hacks: Zur Formenlehre. Dreigespräch über das Monodrama. *Ein Gespräch im Hause Stein über den abwesenden Herrn von Goethe. Annexa.* Hamburg 1998, S. 82.

Energie für den Dienst der philosophischen Erkenntnis freizusetzen.«[29]

Die dialektische Verschränkung der Gegensätze von Untergang und Geburt[30] lässt sich in dem Revolutionsdrama auch quantitativ belegen. Liselotte Werge zählt in ihrer Dissertation über die Metaphorik in *Dantons Tod* »rund 500 Bilder« und stellt fest, dass

> »rund 300 oder 60% mit Leben und Tod assoziiert werden können. Auffallend ist, dass Bilder, die das Leben getrennt vom Tod beschreiben, nur selten vorkommen. […] Ein Satz wie ›Wie lange sollen wir noch schmutzig und blutig seyn wie neugeborne Kinder, Särge zur Wiege haben und mit Köpfen spielen‹ mag die typische Verschmelzung von Lebens- und Todesmotiven illustrieren.«[31]

An diesem Beispiel lässt sich auch zeigen, dass die metaphysische Identifizierung von Zeugung, Selbstopfer und Geburt bei Büchner nicht inhaltlich, sondern strukturell konsistent erfolgt, d. h. unter Umständen negativ konnotiert ist. Insgesamt überwiegt freilich,

---

[29] Most (s. Anm. 20), S. 45.

[30] Vgl. Wolfgang Wittkowski: *Georg Büchner. Persönlichkeit, Weltbild, Werk.* Heidelberg 1978, S. 188–191. Auch Wittkowski benennt, allerdings mit Bezug auf Schopenhauer, den »Kreislauf von Zeugen und Sterben«.

[31] Liselotte Werge: *»Ich habe keinen Schrei für den Schmerz, kein Jauchzen für die Freude …« Zur Metaphorik und Deutung des Dramas ›Dantons Tod‹ von Georg Büchner.* Stockholm 2000, S. 42 f.

allein schon durch das dramatische Gewicht der stark idealisierten weiblichen Selbstopfer, die affirmative Tendenz. In Wolfgang Wittkowskis Worten:

> »Jedenfalls vollzieht sich neben dem zunehmenden Engerwerden und Verfallen eine genau gegenläufige Entwicklung. In den Reden der Schlußakte erweitert der Daseinsraum sich mehr und mehr ins Kosmische und Metaphysische; und immer glanzvoller erstrahlen Bruchstücke jener universalen Schönheit, welche Camille, Leonce, Lenz und die naturphilosophischen Abhandlungen preisen. Camille träumt von Himmelsdecke, Mond und Sternen. Danton grübelt, ob die Sterne nicht Tränen im Auge Gottes seien. Von Mond und Sternen singt Lucile. Die Gefangenen sprechen vom grausamen Walten der Götter über Menschen und Sternen; und sie sehen ihr Ende gespiegelt im bewölkten Abendhimmel: ›wie ein ausglühender Olymp mit verbleichenden, versinkenden Göttergestalten‹ [...]. Ähnlich besingt Julie die abendliche Abschiedsstimmung. [...] Verfall verbindet sich mit Schönheit und der Dimension des Kosmischen«.[32]

Das Konzeptionelle der – das Tragische bzw. Erhabene einbeziehenden – Erostheorie steuert nicht nur weitestgehend die Rhetorik in Büchners Erstlingsdrama, sondern, wie bereits festgestellt, auch die Entwicklung der Figuren; paradigmatisch dafür ist Mari-

---

32 Wittkowski (s. Anm. 30), S. 177 f.

ons Narration und deren Folgen. Ihr Auftritt innerhalb des Dramas bleibt singulär, der Wesensbruch nicht. Zwei weitere schicksalhafte Brüche sind im ersten Akt des Revolutionsdramas bzw. gleich zu Beginn des zweiten zu vermerken. Der erste stellt ein Detail dar, eine Spezies, von der Theodor Fontane sagt: »Das Nebensächliche [...] gilt nichts, wenn es bloß nebensächlich ist, wenn nichts drinsteckt. Steckt aber was drin, dann ist es die Hauptsache.«[33] Die Hauptsache ist die nämliche wie in der Marionszene. Diesmal gerät der »junge Mensch« in die Fänge der mordgierigen Menge, die ihn an die Laterne hängen will. Nach anfänglichem Flehen um Erbarmen sagt er: »Meinetwegen, ihr werdet deswegen nicht heller sehen.« (I,2) Seine Opferbereitschaft akzeptiert die Beweggründe der aufgebrachten Bürger und nimmt das Schicksal, als zufälliges wie unschuldiges Objekt ihrer Triebhaftigkeit zu dienen, resignierend an. Auch hier führt das Zulassen der Erfahrung möglicher existenzieller Vernichtung zu einer sprachlichen Geburt: Der Unterlegene offenbart einen Geistesblitz, der, wie die Reflexion des jungen Menschen in Marions Erzählung, auf die Gegenseite überspringt und einen analogen Wesensbruch ins Positive herbeiführt, denn die

---

[33] Theodor Fontane: *Frau Jenny Treibel. Romane und Erzählungen.* Bd. 6. Berlin u. Weimar 1984, S. 335.

Menge vollzieht den Schritt vom groben Vergnügen des Aufhängens zum feineren des Lachens. Sie findet Gefallen an der Schlagfertigkeit des Opfers und lässt es frei. Es ist noch einmal darauf hinzuweisen, dass die drei genannten Brüche alle im ersten Akt des Dramas vorgestellt werden.

Der zweite Akt setzt sogleich mit einem weiteren, dem Wesensbruch der Titelfigur, ein. Derjenige, der einige Szenen zuvor noch »die mediceische Venus stückweise bei allen Grisetten des palais royal« zusammensucht (I,4), hat am Ende der Marionszene kalte Lippen bekommen; mit dem neuen Aufzug wird er zum stolzen Depressiven, einem Lebensmüden und Opferbereiten. Seine Willensbekundung, »lieber guillotinirt [zu] werden als guillotiniren [zu] lassen« (II,1), folgt zunächst keinen politischen oder ethischen Gründen, die vielmehr nachgereicht werden, sondern dem Vorbild des jungen Menschen, dem Selbstmord des Liebhabers im Wasser und Marions momentaner Hintansetzung des physischen Eros. Dantons Äußerungen klingen, als ob er plötzlich aufgibt, weil diese Perspektive interessanter erscheint als so weiterzumachen wie bisher. In Lacroix' Worten: »Er will sich lieber guillotiniren lassen, als eine Rede halten.« (Ebd.) Wenn Danton in seinem Lamento beklagt, »daß wir noch obendrein aus zwei Hälften bestehen, die beyde das Nämliche thun, so daß Alles doppelt geschieht« (ebd.), dann signalisiert er eine dahingehend veränderte Haltung, dass beide Hälften nicht mehr das Nämliche tun werden, denn die eine wird zugunsten der anderen geopfert. Der Hedonismus sieht sich matt gesetzt, und schon kommen in der nächtlichen Szene im Zimmer (II,5) die Gedanken aus den Hirnfasern.

Die gefühlte Nähe des Todes, der Wesensbruch, vollbringt die Überwindung der Einsamkeit. Es sind letzten Endes die abgeschlagenen Köpfe, die die absolute Intensität der Beziehung herstellen, indem sie sich auf dem Boden des Korbes zu küssen vermögen und die physische Macht negieren. Ergebnis der Opferstrategie ist ein Hauch von Unsterblichkeit trotz oder wegen des letztendlich unvermeidlichen physischen Untergangs: die Einschreibung im »Pantheon der Geschichte« und das Entschlummern in »den Armen des Ruhmes« (III,4).

Freilich führt diese durch einen Akt vernunftgestützter Willensentscheidung mit erheblichen sinnlichen Beimischungen von Lebensüberdruss usw. verursachte Peripetie im Drama nicht zu einer konsequenten Anagnorisis. Danton ist kein Sokrates, Büchner kein Boethius. Das Philosophiegespräch (III,1) tröstet nicht, der (wollüstige) Schmerz (Robespierre: I,6) als vermeintli-

18

cher Fels des Atheismus erweist sich als
Quell des Mythos, der sich zumeist in den
niederen Gefielden des kinderfressenden
Saturn, des Minotaurus, der Medusa usw.
bewegt. Die Einheit von Zeugung, Geburt
und Tod teilt Schoß und Grab zudem
zwangsläufig eine entschieden mütterliche
Note mit, die sich deutlich wahrnehmbar in
der Metaphorik von Dantons Zeugen, Leben und Sterben zeigt. »[D]ie Revolution hat
uns gemacht«, bemerkt Lacroix (II,1); die
Dantonisten wollen den »mächtigen
Schooß« der Freiheit »befruchten« (III,6);
desgleichen habe sich Danton »an seine
Mutter [gewagt], aber sie war stärker, als er«
(III,1). Danton wird von den »Schenkel[n]
der demoiselle« guillotiniert (I,5). Letzteres
bezieht sich auf niemand anderes als Marion,
das mütterliche »Meer«,[34] das auch ihren
ersten Liebhaber verschlungen hat. Schließlich frisst die Revolution, wie Saturn, ihre
Kinder (I,5). Der Unterschied zwischen dem
modernen Adonis und dem antiken, gleich
dem von Eber und Säuen (I,5) ist in der Tat
unbedeutend, schon der Eberzahn ent-
stammt dem Maul-Schoß der Gorgo,[35] und

---

34 In dem imaginären Französisch des Monologs
    lauten Mutter = mère und Meer = mer identisch.
35 Erich Neumann: *Die Große Mutter. Die weiblichen
    Gestalten des Unbewussten.* 11. Aufl. Düsseldorf
    2003, S. 166.

bildstimmig lässt Büchner mit der Nähe zum Fallbeil den Venushügel zum abgeholzten Berg werden (IV,7) und erwähnt Mädel, in die man mit Karren und Gäulen hineinfährt (IV,4).

Eros und Gewalt – auch als Nebenmotive jenseits der am Historischen orientierten Handlung – haben wie die politischen und sozialen Motive Teil an dem »Prinzip der Wiederholung bzw. der ›Äquivalenz‹ einzelner Szenen« und dessen »strukturierender Bedeutung«.[36] I,5 stellt in der Marionszene den ersten Liebestod einer Nebenfigur vor; II,5 enthält Dantons berühmtes Diktum vom »Muß« und den »unbekannten Gewalten« »in uns«, dem, was hurt, mordet usw.[37] Laflottes Verrat in III,5 mündet in die Feststellung: »Das kommt gerade nicht oft vor, daß man so mit dem Zufall Blutschande treiben und sein eigner Vater werden kann. Vater und Kind zugleich. Ein behaglicher Oedipus!« In IV,5 schließlich vergleicht Danton die Revolution mit der »Sündfluth«, und Camille wie auch Danton identifizieren alle Dinge als »Variationen aus verschiedenen Tonarten über das nemliche Thema«.

---

36 Knapp, S. 103.
37 Zum zeitgenössischen Hintergrund der Fatalitätsthematik vgl. Hartmut Nonnenmacher: *Natur und Fatum. Inzest als Motiv und Thema in der französischen und deutschen Literatur des 18. Jahrhunderts.* Frankfurt a. M. 2002.

20

Eros und Gewalt sind innerhalb des »vielstimmige[n] dramatische[n] Perspektivismus«[38] – der krasse Ambivalenzen beinhaltet, wie Dantons expliziten Atheismus in III,7 auf der einen und seine Bitte an Gott um Verzeihung in III,3 auf der anderen Seite; desgleichen ist seine fast unaussprechliche Verzweiflung über die Septembermorde in II,5 inkommensurabel mit dem Prahlen über die Septembermorde in III,4 – *das* vereinheitlichende Element des Revolutionsdramas, dem alle Positionen huldigen.

Auch das Medium Sprache wird auf der Bühne in die Symbolik des Kreislaufs von Zeugung, Geburt und Tod einbezogen. Laflottes behaglicher Oedipus, seine Selbstzeugung per Denunziation, verdankt sich einem sprachlichen Akt. Die Stimme gibt den »Gedanken Athem [...], daß sie lebendig werden und zu sprechen wagen«.[39] Julies Lippen sind „Totenglocken", ihre Stimme „Grabgeläute" (I,1). Expressivität des Ausdrucks ist mit Destruktivität, inflationärer

---

38 Knapp, S. 109.
39 Collot d'Herboits in I,3; Robespierre in I,6: »Die Sünde ist im Gedanken. Ob der Gedanke That wird, ob ihn der Körper nachspielt, das ist Zufall«; II,1: »Er will sich lieber guillotinieren lassen, als eine Rede halten.« II,7: »Eure Worte riechen nach Leichen«; III,3: »Geht einmal Euren Phrasen nach, bis zu dem Punkt wo sie verkörpert werden«; III,6: IV,7: Luciles Selbstmord durch eine Parole.

Redefluss mit mentaler Trägheit, Knappheit der Sprache bis zum Versiegen der Rede ist mit höchster Intensität des Erlebens unter Umständen eng verzahnt. So wie die Skala des Aussprechbaren an ihrem einen Ende kein Tabu mehr gelten lässt, Stichwort „Carreau", so thematisiert sie den Tabubruch am anderen Ende, dort wo die Sprache versagt und die Figuren verstummen. Nur noch *ein* Name! oh, der erstickt mich! Ich habe keinen Athem dafür« (I,2) verzweifelt ausgerechnet der Souffleur. Sein Verstummen in I,2 markiert eine brisante Konstellation: Treibende Kraft hinter der sich prostituierenden Tochter ist – neben dem Hunger – die Mutter. Ihre Replik

> »Wir arbeiten mit allen Gliedern warum denn nicht auch damit; ihre Mutter hat damit geschafft wie sie zur Welt kam und es hat ihr weh gethan, kann sie für ihre Mutter nicht auch damit schaffen, he? Und thut's ihr auch weh dabey, he? « (I,2)

vergesellschaftet die Sexualität der Tochter innerhalb der Familie und kontaminiert den Begriff der Arbeit implizit mit dem des Inzestes.[40] Die Parallelstelle II,2 nimmt interessanterweise weder den Aspekt des Hun-

---

[40] Vgl. Christian Milz: *»Wer das lesen könnt«. Inzest in Georg Büchners Woyzeck. Analyse eines literarischen Testaments.* In: *texte. psychoanalyse. ästhetik. kulturkritik.* 26. Jahrg. Heft 1/2006, S. 24–49.

gers, noch den der Arbeit auf. Die Promenade der Figuren Eugenie, ihrer Mutter und des jungen Herrn führt vielmehr das Thema Carreau *kontra* Cœur in der Konstellation des Generationenunterschiedes weiter. Die kurze Szene wird von zwei aufschlussreichen Kommentaren Dantons gerahmt:

> »DANTON. Geht das nicht lustig? Ich wittre was in der Athmosphäre, es ist als brüte die Sonne Unzucht aus. Möchte man nicht drunter springen, sich die Hosen vom Leibe reißen und sich über den Hintern begatten wie die Hunde auf der Gasse?«
>
> [...]
>
> »DANTON. Muthe mir nur nichts Ernsthaftes zu. Ich begreife nicht warum die Leute nicht auf der Gasse stehen bleiben und einander in's Gesicht lachen. Ich meine sie müßten zu den Fenstern und den Gräbern heraus lachen und der Himmel müsse bersten und die Erde müsse sich wälzen vor Lachen.« (II,2)

Sein in II,1 artikulierter Wesensbruch reflektiert sich in der Nachbarszene durch die Spannung zwischen den Einwürfen vor und nach den Pikanterien auf der Promenade. Das Bersten des Himmels müsste auch den Danton der einleitenden Beobachtung zerreißen. Doch selbst der wortgewaltige Held der Revolution begegnet dem Tabu, kennt »Gedanken, für die es keine Ohren geben sollte« (II,5), und den Wunsch nach absolutem Vergessen (II,4).

Büchners Modernität besteht nicht zuletzt in seinem Anrennen gegen die Grenzen des Sagens.[41] Dass sich die »Gedanken« und ihre Realisierungen in der gefühlten Todesnähe auf die Seite des immateriellen Eros schlagen, bleibt im Revolutionsdrama im Wesentlichen den weiblichen Figuren vorbehalten, Danton diesbezüglich, wie dargelegt, ambivalent. Die dramatischen »Wesensbrüche« aber sind strukturbildend, beziehungs- und stiftend und führen inmitten des mythischen Tobens – und des Groben – das Publikum gegebenenfalls zum Feinen.

© 2016, Christian Milz
Edition : BoD - Books on Demand
12/14 rond-point des Champs Elysées, 75008 Paris
Impression : Books on Demand GmbH, Norderstedt, Allemagne
ISBN : 9782810613267
Dépôt légal : Mars 2016

---

[41] Uwe Ebbinghaus: Büchner: Konzertierte Aktion gegen Redeordnung und Determinismus. In: Ders.: *Anrennen gegen die Grenze der Sprache. Strategien zur Überwindung von Sprachskepsis im Deutschen Drama.* Berlin: dissertation.de 2002, S. 182–202.